Lb 4º 328.

(Liberté de la presse)

LETTRE

D'UN HABITANT DE GRENOBLE,

A un Membre de la Chambre des Députés, du département de l'Yonne, sur la liberté de la presse.

Grenoble, le 14 août 1814.

Votre discours sur la liberté illimitée de la presse a d'autant plus surpris et affligé vos compatriotes, que, depuis long-temps, vous leur avez appris à vous estimer, et qu'ils ont conçu une haute idée de vos opinions et de votre conduite politiques. Nous nous félicitons tous de vous voir, pour la troisième fois, dans une assemblée où vous avez donné, dans des occasions importantes et décisives, des preuves de talent et de courage. Nous nous rappelions vos travaux et vos succès comme s'ils étaient les nôtres. Nous

nous disions avec complaisance : Il a défendu le trône au moment de sa chute; il n'a pas craint d'être enveloppé dans cette terrible catastrophe: le trône antique est rétabli; il va être son plus ferme appui. Sa voix ne s'élèvera que pour proclamer ces grands principes de la monarchie, qui peuvent seuls lui donner une base inébranlable. D'autres ajoutaient avec un sentiment d'orgueil : Plus jeune, il a été l'émule de notre célèbre et infortuné *Barnave*, son ami et son condisciple ; dans l'âge mûr, il sera celui de l'austère Mounier, et il soutiendra doublement la réputation de notre ville et de notre barreau. Ainsi, dans tous nos cercles, nous prenions plaisir à donner à votre carrière politique la marche et la direction que vous nous avez indiquées vous-même.

De si belles espérances seraient-elles détruites? notre compatriote serait-il devenu tout-à-coup si différent de lui-même et de nous? voudrait-il perdre le fruit d'une si noble conduite, et consacrer ses talens oratoires à soutenir des opinions que son cœur a déjà combattues? Non, vous êtes trop jaloux de votre gloire et de notre estime: vous reprendrez votre attitude première; vous vous élèverez au-dessus de quelques petites passions, et vous préférerez, aux applaudissemens éphémères d'un parti, le jugement des hommes sages et le bonheur de votre patrie.

Ce n'est point à vous à nous représenter la statue de la liberté; une aussi horrible image n'est pas faite pour vos yeux que pour les nôtres. Nous la croyions depuis long-temps brisée et réduite en poudre la statue de cette déesse antropophage, que nous n'avons connue que par les sacrifices des victimes humaines qu'on lui a offerts, et par les torrens du sang le plus pur dont elle s'est abreuvée. Vous-même n'avez échappé que par miracle à sa fureur et à sa voracité. Que d'autres que vous lui rendent des hommages et lui promettent de sanglantes offrandes ! Qu'ils la placent sur le piédestal qu'elle s'est construit elle-même, sur des ossemens et des ruines ! Qu'ils la couvrent, nous y consentons, *d'un crêpe funèbre* : il cachera du moins aux yeux des Français, les traits du monstre qui a dévoré leurs familles.

Mais entrons dans la discussion de la question qui s'agite dans ce moment dans la chambre des députés.

Je partage entièrement votre opinion sur la liberté illimitée de la presse. Elle est réclamée par tous les bons esprits qui ont le sentiment de leur force et de leur dignité; ils la regardent comme l'honneur et la sûreté des gouvernemens *bien constitués*; mais je l'aime trop pour m'exposer à la perdre, et je viens examiner si, dans les circonstances extraordinaires où nous nous trouvons, nous pouvons en jouir pleinement sans danger pour elle et pour nous.

Si dans la monarchie, dit Montesquieu, quelque trait satyrique va contre le monarque, il est si haut qu'il ne peut arriver jusqu'à lui. Nous savons, par une trop fatale expérience, que ces traits non-seulement atteignent le monarque, mais qu'ils lui font des blessures mortelles. Le plus sage et le meilleur des Rois a succombé sous les traits des libellistes; et ce régicide fait, depuis vingt et un an, le malheur du monde.

Le temps ni les hommes ne sont pas changés, comme on affecte de le dire. Nous ne sommes pas si las et si loin de la révolution; nous en avons, au contraire, contracté l'habitude, et nous en possédons tout le caractère et l'art funestes. La génération qui nous suit de près, est encore plus révolutionnaire que nous-mêmes. Une inquiétude générale s'est emparée de tous les esprits. Le temps n'est plus pour nous ce médecin qui guérit tous les maux et toutes les blessures. Nous ne voulons rien attendre de lui. Si nous sommes mal, nous voulons de suite guérir ou mourir. Comme Alexandre, nous ne voulons que des remèdes violens, et dans la fièvre qui nous tourmente, nous prenons sans discernement la première coupe qu'on nous présente. Notre turbulente activité est notre première ennemie, et l'obstacle le plus grand que nous opposions à une restauration qui ne peut être que graduelle et presque insensible.

Au lieu du silence et du calme des passions qui devraient avoir succédé à tant de mouvemens convulsifs, je les vois encore toutes soulevées et nous menaçant de nouveaux orages. Et l'on veut que dans ce moment elles puissent emboucher toutes les trompettes, et remplir la France de leur horrible fracas ! Notre malheureuse patrie deviendrait bientôt la cour d'Eole, d'où sortent toutes les tempêtes et tous les naufrages de l'Océan.

Nous le disons avec douleur, notre situation n'est pas encore bien rassurante. De vastes espérances ont été détruites par le retour des Bourbons; de vastes projets d'élévation et de fortune ont été arrêtés au milieu de leur plus brillante exécution. Des générations se sont élevées dans l'esprit et la tactique de l'ancien gouvernement; leurs études, leur éducation physique et morale ont été tournées vers la guerre ou vers les sciences qui s'en rapprochent le plus. Les honneurs, les plus hauts grades, la considération de leur famille étaient souvent le prix d'un heureux début aux armées. Toutes ces vues ambitieuses, tous ces élans rapides doivent être aujourd'hui réprimés ou modérés. De grandes alliances, d'immenses entreprises avaient été formées, il faut qu'elles languissent et tombent faute d'appui. De grandes réformes commandées par les besoins du trésor sont déjà faites, et il s'en prépare encore. Quel plus vaste champ aux murmures, aux plaintes, aux accusations!

L'armée est rendue à l'esprit et à la discipline qui peuvent la rendre essentiellement utile au trône et à la patrie. Elle est prête à se battre encore avec plus de valeur, s'il est possible, contre les ennemis de l'Etat. Mais un juste orgueil national lui fait regretter ses glorieuses conquêtes. Elle voudrait retourner aux combats. Mais le Roi et la France veulent la paix, et ce contraste de vues et d'intérêts peut amener des agitations intérieures. Proclamez la liberté illimitée de la presse, et l'armée aura ses orateurs et ses écrivains. Du milieu des camps, du sein de l'oisiveté des garnisons, elle vous enverra, comme les légions romaines, des adresses et des pétitions écrites sur l'affût de ses canons.

La classe, malheureusement trop nombreuse, des émigrés, dont les biens sont vendus, est peut-être plus mécontente et plus inquiète aujourd'hui que sous l'ancien gouvernement. Elle espérait alors, elle n'espère plus. La charte constitutionnelle a consacré l'aliénation de ses héritages, et lui a rendu plus amer et plus profond le souvenir de leurs pertes. Elle ne pourra jamais s'en consoler, et ses plaintes trop naturelles, et ses mémoires imprimés dont le ton sera plus ou moins fort, selon que l'action du gouvernement sera plus ou moins faible, inquiéteront sans cesse les acquéreurs, et affligeront inutilement le Roi et ses ministres.

A la première nouvelle du retour des Bourbons, une foule de gentilshommes a accouru du fond de toutes les provinces pour leur offrir les précieux restes d'une vie toute consacrée à leurs services. Cette auguste maison avait conservé plus de sujets fidèles dans les vieux châteaux de nos provinces, que dans les salons dorés de la capitale, où des plaisirs et des besoins toujours nouveaux créent de nouveaux dieux et commandent de nouveaux hommages. Plus ces vieux serviteurs avaient montré de dévouement et fait de sacrifices, plus leurs prétentions ont été exagérées. Les besoins de l'État, et plus encore, l'heureux système de ménagement et de conciliation adopté par le Roi, n'ont pas permis de les satisfaire tous, à la première vue, et ils sont retournés dans leurs donjons, mécontens, mais toujours fidèles.

A ce mécontentement passager, se joint celui des fonctionnaires et employés de toute espèce, des quarante départemens que nous avons perdus. Ils sont dépouillés, par les événemens politiques, de leur état et de leur fortune, qu'ils avoient acquis par des services réels et des talens éprouvés. Leur situation et celle de leurs familles mérite les plus grands égards, et les ministres ne rempliraient pas les intentions bienfaisantes du Roi, et compromettraient leur responsabilité, si, pour placer des intrigans et des hommes sans titres, ils négligeaient cette classe d'hommes éminemment utile et malheureuse. Mais, en supposant même qu'on soit juste à leur égard, que de traits acérés ils vont lancer contre les ministres; que de libelles et de pamphlets, si la liberté illimitée de la presse autorise tous les débordemens !

Après ce tableau rapide de notre situation actuelle, je vous demanderai d'où vient le grand zèle qui vous anime dans cette discussion. Croyez-vous peut-être défendre le droit le plus cher à vos commettans ? Vous ont-ils donné un mandat spécial, sur-tout depuis l'avénement de Louis XVIII ? Non ; et ce qui le prouve, c'est que, parmi les adresses innombrables que des députations de toutes les villes du royaume viennent de porter aux pieds du trône, aucune n'a demandé la liberté illimitée de la presse, aucune n'a exprimé de vœu sur cette grande question que la révolution a jugée. Et qu'on ne dise pas que le respect et l'amour ont fermé toutes les bouches ! Beaucoup de communes ont fait des demandes particulières et exposé, avec confiance, leurs besoins et leurs espérances. Cette profonde indifférence pour le grand intérêt qui vous agite, ce silence universel ne doivent pas vous étonner. Tous les hommes sages, auxquels l'expérience de nos malheurs a profité, tous les propriétaires, tous les pères de famille, jaloux de leur repos et de celui de leur postérité, redoutent, comme le plus grand des fléaux, une liberté sans frein et sans mesure. Elle n'est désirée que par ces écrivains et ces poètes d'un ordre très-inférieur, qui ne sacrifieraient pas une phrase ou un vers à la tranquillité de leur patrie.

Mais, craignez-vous réellement pour la liberté, si on soumet la presse à la censure? Examinons, autant que les bornes d'une lettre peuvent le permettre, si cette crainte est fondée.

Sous un gouvernement représentatif comme le nôtre, la liberté de la presse ne peut courir aucun risque. Si des censeurs voulaient étouffer des vérités utiles, elles seraient proclamées à votre tribune, et n'en deviendraient que plus terribles et plus éclatantes. Si vous craignez qu'on n'abuse de l'intervalle de quelques mois qui se trouvera entre vos sessions, demandez, et le Roi vous l'accordera sans doute, demandez que tous les écrits des membres des deux chambres ne soient pas plus soumis à la censure préalable, que tous les ouvrages de 500 pages. Cet amendement obtenu, toutes les inquiétudes raisonnables disparaîtront; et vous exercerez dans les provinces, au sein même de vos foyers, un ministère de surveillance redoutable aux administrateurs infidèles, mais salutaire aux administrés. La censure ne sera plus alors qu'un heureux préservatif contre nos erreurs, nos haines, nos rivalités et nos vengeances. La révolution, comme Saturne, ne dévorera plus ses enfans, car cette arme

(11)

formidable que vous réclamez aujourd'hui vous serait arrachée demain par les factions, et vous seriez terrassé avec votre propre massue. Nous ne craindrons plus le retour de ces folliculaires qui ont couvert la France de sang et de deuil. Nous userons de la liberté, comme de ces liqueurs exquises, mais énivrantes, qu'il faut boire avec modération. Nous en jouirons comme d'un bienfait du Roi, d'autant plus précieux qu'il a été spontané, et que nous sommes dans l'heureuse impuissance de le perdre. Lui-même ne sera pas distrait par nos turbulentes discussions, des projets de restauration conçus et médités dans la retraite et le malheur ; des ministres fidèles les exécuteront avec zèle, et vous-même, abandonnant un parti d'opposition trop tôt formé pour être utile, et qui d'ailleurs, sous un bon Roi, ne peut être ni heureux ni brillant, vous les seconderez de tout votre pouvoir, et vous mériterez d'être compté parmi les hommes d'état qui auront illustré ce règne mémorable.

R. B.

DE L'IMPRIMERIE DE LEFEBVRE, RUE DE BOURBON,
N°. 11, F. S.-G.

www.ingramcontent.com/pod-product-compliance
Lightning Source LLC
Chambersburg PA
CBHW061611040426
42450CB00010B/2424